SAINTE BLANDINE

Patronne des Servantes

ET LES COMPAGNONS DE SON MARTYRE

TOULOUSE

Bureau de la *Bibliothèque catholique,*

RUE DES GESTES, 6.

1867

SAINTE BLANDINE

PATRONNE DES SERVANTES

ET LES COMPAGNONS DE SON MARTYRE

———

Ces glorieux Martyrs, que l'on appelle communément les Martyrs de Lyon, se sont rendus si célèbres dans les Gaules dès le second siècle de l'Eglise, que nous ne pourrions pas les omettre en ce lieu, sans ôter à notre recueil un de ses plus beaux ornements. L'histoire de leurs combats est tirée de la lettre qu'écrivirent alors à ce sujet les fidèles de Vienne et de Lyon, aux Eglises d'Asie et de Phrygie. Cette lettre, communément attribuée à saint Irénée, est rapportée par Eusèbe, au cinquième livre de son *Histoire ecclésiastique*, et par Louis de Grenade, en son *Catéchisme, ou Introduction au Symbole de la foi.*

Marc-Aurèle, que l'on appelait aussi Antonin le Philosophe, ayant remporté une victoire célèbre sur les Marcomans, par les prières des chrétiens, avait fait

un édit en leur faveur ; il les prenait
sous sa protection et défendait, sous de
grandes peines, de les inquiéter sur le
fait de leur croyance. Leurs ennemis,
étonnés de les voir ainsi soutenus par
l'autorité impériale, cherchèrent de nouveaux expédients pour les perdre, et fei-
gnirent malicieusement que, dans leurs
assemblées sacrées, où tout leur exercice
était de prier, de chanter les louanges de
Dieu, de recevoir les Sacrements et de
participer aux saints Mystères, ils commettaient des cruautés et des abominations
épouvantables, mangeant la chair et bu-
vant le sang humain, et se souillant par
des plaisirs honteux et infâmes. Ils fon-
daient cette accusation sur ce que quelques fidèles, parlant de ce qui se passait
dans la sainte Synaxe, disaient quelque-
fois à des infidèles, sans faire réflexion à
qui ils parlaient, qu'ils se nourrissaient
de la chair de l'Agneau sans tâche, et qu'ils
buvaient son sang précieux. Ce qui leur
servait encore à confirmer cette impos-
ture, c'était qu'il y avait des païens qui,
pour rendre leurs serments plus sacrés et
plus inviolables, les confirmaient par la
cérémonie dans laquelle ils buvaient du
sang humain : ce que ces calomniateurs

étendaient aussi aux chrétiens. Ainsi il les appelaient des anthropophages, et les faisaient abhorrer de tout le monde.

Ils imprimèrent si fort ces calomnies dans l'esprit de l'empereur, qu'il changea sa clémence en fureur, et sa bienveillance en aversion et en persécution, et porta des édits par lesquels il ordonna de rechercher et de tourmenter ceux que l'on disait coupables de tant d'abominanations. En vertu de ces nouveaux décrets, il se fit une cruelle recherche des chrétiens dans Vienne et dans Lyon. On en emprisonnait une partie, on chassait les autres de leurs maisons, on leur interdisait les bains communs, et on ne leur permettait pas même l'entretien et la conversation avec les autres hommes.

Un jour, qu'un grand nombre de ces innocents accusés furent pris avec tumulte et menés devant le juge, un des principaux de la ville, nommé Vétius Epagathus, voyant qu'il n'y avait personne qui osât entreprendre leur défense, et les justifier des crimes qu'on leur imposait avec tant d'iniquité, s'offrit d'être leur avocat, et de montrer que c'était à tort qu'on leur faisait endurer de si horribles supplices. Mais la dureté invincible du juge ne lui donna jamais lieu de parler. Il se contenta de lui demander s'il était chrétien ; et, sur l'aveu qu'il fit de sa religion, non-seulement on ne l'écouta point, mais on le mit aussi avec les autres prisonniers. L'évêque saint Pothin, et quelques autres des principaux d'entre le clergé et les laïques, n'épargnaient rien, durant ce temps-là, pour encourager cette sainte assemblée. Cependant, il y en eut dix qui manquèrent de constance, et leur lâcheté donna plus de douleur à ces généreux défenseurs de la religion que la fermeté de tous les autres ne leur donnait de joie, d'autant plus qu'elle leur faisait craindre que le nombre des déserteurs ne s'augmentât, et qu'un si pernicieux exemple ne fût contagieux pour les âmes encore faibles et qui craignaient la rigueur des tourments.

Quelques esclaves des chrétiens qui avaient embrassé la foi avec leurs maîtres, l'abandonnèrent dans cette persécution, et allèrent jusqu'à cet excès de malice, de déposer, en justice et à la question, que les fidèles étaient coupables de tous les crimes dont on les accusait, qu'ils tuaient de petits enfants, qu'ils en mangeaient la chair, qu'ils en buvaient le sang, et qu'ils commettaient des saletés qu'il n'est pas permis de dire ni de penser. Cela ayant été rapporté au peuple, il conçut une telle horreur contre ces innocents disciples de Jésus-Christ, que tous les maudissaient, et que, selon la parole du Fils de Dieu, ils croyaient que c'était faire un acte très méritoire que de les égorger et de leur imposer toutes sortes de misères.

A partir de ce moment, la cruauté des tourments qu'on leur fit souffrir surpassa tout ce qui peut s'en dire; le démon s'efforçait d'arracher de la bouche de quelque personne libre l'aveu de ce que les esclaves apostats avaient déposé. Ceux contre qui la fureur des juges s'échauffa davantage furent Sanctus, diacre de Vienne, Maturus, nouvellement baptisé, mais des mieux confirmés en la foi; Attale, citoyen de Pergame, qui était la colonne de cet Église, et Blandine, laquelle, bien qu'esclave par sa condition et la plus faible de toute la troupe, l'emporta néanmoins sur tous les autres par la durée de ses tourments et par la fermeté de son courage.

Sanctus fut apparemment le premier

tourmenté. Les supplices qu'on lui fit souffrir furent si grands, qu'on n'en peut exprimer la rigueur, et qu'ils surpassent tout ce que la nature humaine peut endurer; et, néanmoins, ce généreux Diacre, tout rempli de l'esprit de Dieu, fit bien peu de cas de ces tourments. A toutes les demandes qu'on lui faisait, sur là ville et la province d'où il était, sur son nom, sur ses emplois et sa condition, jamais il ne répondit autre chose, sinon qu'il était chrétien : *Je suis chrétien*, disait-il à chaque interrogation; *je suis chrétien, et je ne suis rien autre chose que chrétien.* Cette fermeté était le tourment de ses propres bourreaux, et ils étaient furieux de voir que, malgré leurs efforts, ils ne pouvaient pas même tirer de sa bouche la déclaration de son nom; ils lui mirent des plaques de fer et de cuivre toutes brûlantes sur les aines et sur les autres parties les plus délicates et les plus sensibles du corps, et renouvelèrent si souvent ce tourment, que sa peau était toute grillée, ses chairs fondues, ses os découverts, et qu'on ne voyait plus en lui qu'une grande plaie, sans qu'il y restât la figure d'un homme. Après ces tourments, on le ramena en prison; mais ce ne fut que pour peu de jours. A peine avait-il eu le temps de se reposer, si toutefois un corps tout brûlé et sans le soulagement d'aucun remède est capable de repos, qu'on le traîna de nouveau au tribunal, pour recommencer ses supplices. Les bourreaux se persuadaient qu'il ne pourrait jamais souffrir qu'on touchât à ses plaies, si profondes et si récentes, et qu'aux premiers coups il consentirait à leur impiété ou mourrait entre leurs mains, ce qui découragerait ses autres compagnons. Mais la chose arriva tout autrement : par ces seconds tourments, son corps reprit sa santé et sa beauté accoutumée, et il trouva le remède à ses maux précédents dans ceux dont on se voulait servir pour lui faire perdre la vie.

Maturus, Attale et Blandine furent tourmentés presque en même temps ; et l'on eut tout sujet d'admirer le courage de cette femme incomparable : comme elle était d'une complexion délicate et d'une condition servile, on avait beaucoup de crainte qu'elle ne perdît cœur au milieu des tortures ; et sa maîtresse même, dame chrétienne et du nombre des Martyrs, était dans de grandes appréhensions pour elle ; mais Blandine trompa heureusement ceux qui avaient ces inquiétudes, et eut tant de constance, qu'elle lassa, durant tout un jour, la fureur et la barbarie de plusieurs bourreaux qui se relevant l'un après l'autre, exercèrent sur son corps toutes les cruautés et les inhumanités dont des sauvages seraient incapables, jusqu'à ne lui laisser aucun reste de chair capable de recevoir de nouvelles blessures. Durant ces supplices, à ce qu'elle avoua depuis elle-même, toutes les fois qu'elle prononçait ces paroles : *Je suis chrétienne,* son corps recouvrait ses forces perdues ; et, ses douleurs cessant par cette confession, elle rentrait avec une nouvelle vigueur au combat. C'est pourquoi, connaissant la vertu de ces paroles : *Je suis chrétienne,* elle les prononçait fort souvent et avec une grande affection : *Je suis chrétienne,* disait-elle, *et nous ne faisons aucun des crimes qu'on nous impute.*

Ces grands exemples touchèrent Biblis, une de celles qui avaient renoncé à la foi ; comme, nonobstant son apostasie, on ne laissait pas de la conduire au supplice, non pas en qualité de chrétienne, mais comme coupable d'homicide, de sacrilége et des autres abominations dont on accusait les chrétiens, elle se réveilla comme d'un profond sommeil, reconnut la lâcheté qu'elle avait commise, en gémit devant Dieu, en demanda pardon, rendit hautement témoignage à l'innocence et à la sainteté des accusés, et scella généreusement par sa mort ce témoignage qu'elle venait de donner ; de sorte que les Eglises ne laissèrent pas de la reconnaître pour Martyre. C'était une proie que le démon, comme le fort armé, avait enlevée, mais que Jésus-Christ, dont la grâce est incomparablement plus puissante que toute sa fureur, lui arracha glorieusement pour la ramener dans son bercail.

Saint Pothin, évêque de Lyon, fut arrêté et produit ensuite : il était si caduc à cause de son grand âge, de plus de quatre-vingt-dix ans, qu'à peine pouvait-il respirer, et que les archers furent obligés de le porter. Cependant, la vigueur de son esprit était tout entière ; il confessait hautement Jésus-Christ, et parlait au président qui l'interrogeait, avec toute la liberté et l'autorité que lui donnaient sa vieillesse et son courage, exempt de crainte. A peine eut-il fait cette confession, qu'on le traita avec toute sorte d'indignités : on lui donna des coups de pied et de poing, on lui jeta à la tête tout ce qu'on put rencontrer; et la manière dont on le tourmenta fut si cruelle, que son corps n'en pouvant pas supporter la violence, il rendit son âme à Dieu, deux jours après qu'il eut été jeté dans une obscure prison (30).

Pendant le peu de temps qu'il y demeura, il fortifia les chrétiens qu'il y trouva, et travailla aussi avec eux à ramener au salut ceux qui s'en étaient éloignés. Quelques-uns eurent regret de leur faute; d'autres demeurèrent obstinés dans leur infidélité : mais ce qu'il y avait d'admirable, c'était la différence qui paraissait entre ces apostats et les confesseurs de Jésus-Christ. Leurs tourments étaient égaux; car on ne fit point grâce à ceux qui renoncèrent à la foi. On les tint toujours prisonniers et chargés de chaînes, et on les condamna aux mêmes supplices; mais leurs dispositions étaient bien différentes, les confesseurs portaient la joie et la gloire imprimées sur leur front; et les apostats, au contraire, avaient la tristesse et l'infamie peintes sur leur visage; les confesseurs étaient consolés par l'espérance du bonheur éternel qu'ils devaient posséder peu de temps après ; les apostats étaient bourrelés par le reproche de leur conscience et par l'appréhension des peines de l'enfer qu'ils ne pouvaient ôter de leur esprit : ainsi, on les connaissait facilement à la seule vue ; et les païens même faisaient distinction entre un serviteur de Jésus-Christ et un déserteur qui l'avait lâchement abandonné.

Il fut enfin résolu d'exposer Sanctus, Maturus, Attale et Blandine aux bêtes féroces dans l'amphithéâtre. Les deux premiers y souffrirent d'abord toutes les cruautés dont l'ingénieuse malice des païens se put aviser. Ils furent fouettés avec la dernière inhumanité ; on les fit asseoir dans des chaises d'airain tout embrasées, qui leur rôtirent la chair et défigurèrent le corps d'une manière épouvantable, et capable de toucher les esprits des plus barbares ; on les livra, en cet état, aux bêtes, qui les mordirent en plusieurs endroits, et leur enlevèrent des morceaux de cette chair cuite ; enfin, comme ils avaient encore quelque reste de vie, on les acheva en leur coupant la tête.

Pour Blandine, on l'attacha à une grande croix, afin que les bêtes, s'élançant sur elle , comme sur leur proie, enlevassent ses membres l'un après l'autre, sans l'étrangler. Les chrétiens virent ainsi, en sa personne, l'image de leur Maître crucifié ; mais ils y reconnurent aussi son pouvoir : car les bêtes, tout affamées qu'elles étaient, n'osèrent la toucher , et elles demeurèrent au bas de sa croix, comme des agneaux , sans lui faire aucun mal. Cela fit qu'on la ramena en prison pour la réserver à d'autres tourments. Cependant les païens qui étaient dans l'amphithéâtre demandèrent, avec de grands cris, qu'on produisît Attale ; il parut aussitôt , avec un écriteau, où étaient ces mots : *C'est ici Attale, le chrétien*. Les clameurs contre lui furent furibondes ; et chacun demandait qu'on le fît mourir. Mais le président, ayant appris qu'il était citoyen romain, ne voulut pas passer outre, sans consulter l'empereur. Ce fut l'effet d'une conduite particulière de la divine Providence, qui voulait se servir de lui et de Blandine pour convertir encore quelques-uns de ceux qui avaient abandonné la foi et perdu courage dans les tourments , et pour attirer aussi à notre sainte religion plusieurs infidèles, comme cela arriva en effet.

En attendant la réponse, on les tint fort resserrés en prison. Mais, aussitôt que l'empereur eût demandé qu'on donnât de nouveau la question aux accusés; que ceux qui renonceraient à Jésus-Christ fussent renvoyés libres au temps du grand marché, et que ceux qui persévéreraient dans la religion chrétienne fussent mis à mort, on les appliqua à de nouveaux supplices. Plusieurs furent torturés avec eux, et il parut dans l'assemblée un célèbre médecin, nommé Alexandre, qui exhorta puissamment ces nouveaux Martyrs, surtout ceux qui avaient perdu courage dans leur première confession, à une persévérance ferme et inébranlable. Cette hardiesse irrita le préfet; il le fit prendre, et l'ayant fait paraître devant son tribunal, il lui demanda qui il était; Alexandre ne répondit point qu'il était de Phrygie, ni qu'il s'était rendu habile dans l'art de la médecine; mais seulement, qu'il était chrétien. Ainsi il fut joint à Attale; et l'un et l'autre furent mis, de même que saint Sanctus et saint Maturus, dans des chaires d'airain embrasées. Comme la fumée sortait du corps grillé d'Attale, il s'écria, avec un courage admirable :

Vous nous accusez de manger des hommes en secret : c'est une calomnie ; mais vous, qui les faites cuire et rôtir en public, n'êtes-vous pas coupables d'homicide ? Pour Alexandre, il avait l'esprit si uni à Dieu et si occupé de l'admiration de ses grandeurs et de ses louanges, qu'on ne lui entendît pas prononcer un seul mot ni pousser un seul cri durant tous les tourments qu'on lui fit endurer. Enfin, ils furent décapités l'un et l'autre.

Il ne restait plus que Blandine, qui fut toujours présente à de si cruels spectacles. On la tira de prison avec un jeune enfant de quinze ans, nommé Pontique, que quelques-uns disaient être son fils, quoique la lettre des Eglises de Vienne et de Lyon n'en parle point, et que, selon ses termes, elle puisse passer pour vierge. Cet enfant fut aussitôt tourmenté en tant de manières, qu'il perdit la vie entre les mains des bourreaux ; et, pour Blandine, qui l'avait animé au martyre, on la fit fouetter de nouveau, on la fit déchirer par des bêtes carnassières, et on la fit frire dans une poêle ardente ; mais comme elle ne témoignait pas moins de joie au milieu de tous ces supplices que si elle eût assisté à un festin nuptial, on s'avisa de l'enfermer dans un rets, comme une bête prise à la chasse, et de l'exposer ainsi à la fureur d'un taureau échauffé. Cet animal s'en joua longtemps de ses cornes, il la traîna et tourna par toute la place, il lui donna plusieurs coups; mais la Sainte, ne paraissant point en être blessée, on porta enfin un dernier arrêt de mort contre elle; et, ayant été mise sur l'échafaud, on lui coupa la tête. C'est ainsi qu'elle alla recevoir la récompense de tant de combats et de victoires. Tous les chrétiens, qui tremblaient pour sa faiblesse, eurent une joie extrême de la voir arrivée au port; et, bien loin de perdre courage à la vue de son dernier supplice, ils s'animèrent de plus en plus au martyre par son exemple.

La rage des gentils ne fut pas entièrement assouvie par la mort de ces généreux Martyrs; ils l'exercèrent encore sur leurs corps qu'ils exposèrent en une place publique, pour être dévorés par les chiens; mais ces animaux les ayant épargnés, ils les brûlèrent six jours après et jetèrent leurs cendres dans le Rhône. Mais Dieu, *qui garde les os de ses saints, et qui n'en laisse pas même périr un seul,*

2

eut un soin particulier de ces ossements pulvériés, en les rassemblant tous en un même endroit. Quelques-uns des Martyrs en donnèrent avis à des chrétiens qui avaient établi leur demeure au lieu même où ils avaient été brûlés. On les y transporta, et, comme ce lieu s'appelait *Athanacum*, et par corruption *Aisnay*, on les a depuis appelés *les saints martyrs Athanase* ou *d'Aisnay*.

Grégoire de Tours en parle après Eusèbe, dans son livre de *la Gloire des Martyrs*. Tous les Martyrologes en font aussi mention avec beaucoup d'éloges. On peut voir, dans les *Notes* de Baronius sur le Martyrologe, quels sont les auteurs qui en traitent plus en particulier.

DEVOIRS ENVERS LES MAITRES.

Que tous ceux qui sont sous le joug de la servitude, dit saint Paul, *sachent qu'ils sont obligés de rendre toute sorte d'honneurs à leurs maîtres.....* Et, pour cela, vous tous qui êtes dans cette condition, voyez en eux l'image de Dieu ; si vous ne serviez que l'homme, vous seriez esclaves; car, s'abaisser devant un autre que Dieu, c'est une grande lâcheté.

Il faut donc que les domestiques rendent à leurs maîtres, d'abord en *paroles*, tout l'honneur convenable; une histoire va leur apprendre les tristes conséquences des manières et des réponses arrogantes.

Une jeune fille du nom de MARGUERITE, née dans un petit village près du Quesnoy, au département du Nord, fut, à l'âge de dix-huit ans, envoyée en service à Paris. Ses maîtres, monsieur et madame Caron, furent pendant les premiers mois fort édifiés de sa vertu et de toutes ses bonnes qualités; mais lorsqu'elle eut perdu cette retenue si bien calculée par les domestiques nouveaux dans leur place, on vit bien qu'elle aussi avait un défaut, et même un très grand défaut. Son caractère était d'une violence extrême, il éclatait à la moindre contrariété. Bientôt les scènes qu'elle fit devinrent si fréquentes et si fortes, que sa bonne maîtresse se vit obligée d'employer les exhortations les plus vives pour la ramener à la douceur; mais, vains efforts! dans ses accès de colère cette malheureuse n'épargnait pas plus ses maîtres que les étrangers.

Cent fois sur le point de la renvoyer, monsieur et madame Caron n'hésitaient que dans la crainte de trouver pis encore. Au reste, Marguerite promettait toujours de se corriger, et elle avait tant de bonnes qualités..... Mais elle les perdit toutes à la longue; car un abîme appelle toujours un autre abîme, et ses maîtres, lassés enfin de ses impertinences, se décidèrent à la renvoyer.

Voilà Marguerite sans place pendant six semaines au bout desquelles elle eut le malheur d'entrer en service chez des marchands qui ne lui permirent de remplir aucun devoir de la religion. Marguerite, élevée dès son enfance dans les principes de la piété, principes que la famille Caron avait su fortifier en elle, supporta d'abord avec peine cette privation ; mais ensuite la misérable en vint à marchander avec sa conscience, et, devant cent écus de gage, elle ne rougit pas de la trahir. Quelque temps après, elle se laissait prendre aux discours flatteurs que lui adressait un jeune homme, ce qui fit que, lorsqu'on l'envoyait faire quelques courses, elle ne rentrait plus aussi promptement qu'autrefois. Ses maîtres lui en firent des reproches ; Marguerite, qui n'était pas devenue plus endurante en devenant moins pieuse, leur répondit mal, et elle fut de suite mise à la porte.

Enfin, après bien des crimes, elle fut condamnée, comme libertine et comme voleuse, à deux ans de prison. C'est dans ce triste séjour qu'on vint lui annoncer qu'elle avait fait mourir sa mère de douleur. Marguerite ne put supporter ce terrible coup : elle finit par mourir elle-même accablée sous le poids de ses chagrins et de ses remords, mais non sans s'être auparavant réconciliée par une confession sincère avec le Dieu qu'elle avait tant offensé.

— Le respect que les serviteurs doivent aux maîtres les oblige de paraître en leur présence toujours avec des habillements propres et décents, et d'éviter toute inat-

tention dans les apprêts du service.—A une
vigilance extrême, ARMELLE joignait une
très grande propreté ; elle évitait les accidents qu'une négligence coupable n'oc-
casionne que trop souvent. C'est un point
sur lequel les domestiques ne sentent pas
assez l'importance de leurs devoirs. En
disposant les mets sans attention, en se
servant de vaisselle sale ou mal nettoyée,
en négligeant par paresse ou par insou-
ciance les précautions nécessaires pour
écarter toute espèce de danger dans la
préparation de certains aliments, ils s'ex-
posent à altérer la santé de leurs maîtres
d'une manière plus ou moins grave, et se
rendent responsables de ces accidents
funestes qui portent le deuil dans les fa-
milles, et sont pour eux une cause du-
rable de regrets et de remords.

2° *Obéissez à ceux qui sont vos maîtres
selon la chair, avec crainte et respect, dans
la simplicité de votre cœur, comme à Jésus-
Christ même.* Accomplissez leurs ordres
toutes les fois qu'ils ne sont pas contrai-
res à la loi de Dieu, aux préceptes de
l'Eglise, et sachez, lorsqu'il le faut, re-
noncer à certaines pratiques de piété qui
ne sont pas indispensables. A l'appui de
ce conseil, laissez-moi vous rapporter la

conduite d'une pieuse servante, telle que nous la fait connaître une lettre écrite par l'une de ses compagnes.

Julie servait un vieillard, que les infirmités de l'âge et ses longs travaux avaient rendu capricieux et exigeant. Cette bonne fille donnait tous ses soins à son maître avec la plus tendre sollicitude et avec un dévouement à toute épreuve. Toujours calme, douce et patiente, elle portait son cœur entre ses mains, et la sérénité la plus parfaite rayonnait toujours sur son visage. Très exacte à remplir ses devoirs religieux, elle s'appliquait à imiter, autant qu'il était en elle, la vie humble et cachée de la très sainte Vierge. Elle s'efforçait de faire, à son exemple, toutes les plus petites actions de sa journée avec perfection et en union avec Dieu. Souvent elle était elle-même malade, mais elle ne s'écoutait pas. L'esprit de mortification lui faisait porter ses douleurs avec joie, et même plusieurs des personnes qui allèrent la visiter dans sa dernière maladie en revinrent surprises et édifiées, en la voyant d'une humeur si gaie au milieu de ses souffrances. Elle était devenue la conseillère des domestiques plus jeunes qu'elle, et, dans leurs peines, celles-ci venaient lui demander ses avis. Sa haute vertu lui avait mérité le bonheur de communier plusieurs fois par semaine, et de faire partie d'une pieuse association en faveur des pauvres filles de service. Mais lorsque son devoir la retenait auprès de son maître, elle laissait tout pour satisfaire ses désirs, même les plus capricieux et les plus contrariants pour elle. Souvent, lorsqu'elle était sur le point de sortir pour aller s'asseoir à la table sainte, ou pour assister aux réunions de la société dont elle faisait partie, son maître l'appelait; elle renvoyait alors tranquillement sa communion à un autre jour, et se privait des consolations qu'elle éprouvait dans ces saintes assemblées, ne balançant pas un seul instant entre le devoir et le conseil : « Dieu le veut ainsi, » disait-elle, et cette pensée suffisait pour la dédommager des jouissances si pures qu'elle s'était promises.

Elle mourut saintement comme elle avait vécu, et fut accompagnée à sa dernière demeure par un grand nombre de domestiques qui l'avaient connue, ou qui avaient entendu parler de ses vertus; son enterrement fut un véritable triomphe.

SAINTE JULIE VIERGE ET MARTYRE.

Vers la fin du deuxième siècle, une jeune fille nommée Julie, originaire de la ville de Troyes, ét consacrée au Christ, fut prise par un certain Claude, chef de barbares. Après qu'il l'eut ainsi réduite en captivité, il l'emmena en son pays ; et comme il remarqua son éclatante beauté, il résolut de s'unir à elle par le mariage. Mais la servante du Christ lui dit : « J'ai
» pour époux le Seigneur, auquel je me
» suis vouée et à qui j'ai confié mon
» âme ; et son ange demeure toujours
» avec moi. S'il s'aperçoit que tu me tou-
» ches même légèrement, par l'effet d'un
» amour impur, son courroux s'allumera
» soudain contre toi, et il vengera sur
» toi les injures que j'aurais à souffrir. »
Claude, entendant cela, fut saisi de colère et lui dit : « Eh ! qui est ton époux ?
» ou quel est celui à qui il a remis le soin
» de venger les outrages que tu recevrais
» de ma part ? » La servante du Christ,
pleine de confiance, lui répondit sans
aucune crainte et lui dit : « J'ai pour
» époux mon Seigneur Jésus-Christ, qui
» est dans les cieux ; à lui j'ai voué ma

» virginité, et il est assez puissant pour
» tout accorder à ceux qui le prient avec
» foi. » Le chef lui dit ensuite : « A ce
» que j'apprends, tu es chrétienne ? »
Elle répondit : « Oui, je suis chrétienne. »
A ces paroles, Claude sentit sa crainte
redoubler, et depuis lors il commença à
l'honorer. Il ordonna en même temps qu'on
lui préparât une chambre digne d'elle,
et défendit qu'aucun homme osât en ap-
procher ; puis il lui donna des jeunes
filles pour la servir sans interruption ; et,
tant qu'elle demeura en cet endroit, cha-
cune lui rendait tour-à-tour les services
dont elle avait besoin. La servante du
Christ étant donc entrée dans cette chambre, se livra à la prière et au jeûne, et
jour et nuit elle rendait grâces à Dieu
d'avoir daigné jeter les yeux sur elle dans
sa captivité, en sorte qu'elle fût si bien
traitée par un infidèle. Et c'est pour cela
qu'elle suppliait dévotement le Seigneur
de ne pas permettre qu'il arrivât aucun
malheur dans le pays ni dans la maison
du roi.

Tandis qu'elle se livrait à ses pieuses
occupations, peu de temps après il ad-
vint que le roi Claude déclara la guerre
à ses ennemis. Avant de partir, il appela

Julie, servante du Christ, et lui dit :
« Prie pour moi ton Seigneur, afin que
» je revienne sain et sauf et victorieux
» de mes ennemis; et alors je te com-
» blerai des plus grands honneurs. » La
très chaste Julie lui répondit : « Pars en
» toute sécurité, mon maître; oui, je
» prierai mon Seigneur, et tu reviendras
» plein de vie. » Le chef, après cette
promesse de Julie, s'avança la nuit contre ses ennemis et les tailla en pièces.
Après cette victoire, il revint à sa maison
dans la gloire du triomphe. Il alla aussitôt trouver Julie, qu'il vénéra comme
une matrone et non comme une servante,
et il lui rendit les plus grands honneurs;
car il avait compris que c'était par ses
prières que le Seigneur avait daigné lui
donner la victoire.

Comme il serait trop long de raconter
en détail tous les évènements qui concer-
nent notre sainte, je me bornerai à en faire
un résumé succint. Toutes les fois que
le roi Claude allait à la guerre, il avait
l'avantage sur ses ennemis et revenait
victorieux au nom de Dieu; le Seigneur
Jésus-Christ lui faisant cette grâce par les
prières de la bienheureuse Julie, sa servante.

Après que Julie eut ainsi passé vingt-huit années en ce lieu, le Seigneur lui apparut dans une vision et lui dit : « Lève-
» toi, Julie ; car tu ne dois pas demeurer
» plus longtemps ici, retourne à la ville
» qu'on appelle Troyes, d'où tu as été
» emmenée en captivité, parce que tu
» dois y recevoir la couronne du mar-
» tyre. » Julie se levant donc dès le point du jour, adora le Seigneur dans la joie de son cœur ; elle le bénissait avec la plus vive allégresse de ce qu'il lui avait or- donné dans cette vision de retourner à sa ville natale ; puis elle ranimait son cou- rage en pensant qu'elle aurait le bonheur de souffrir le martyre pour la gloire et la louange du Christ. « Puisque je dois,
» disait-elle, terminer ma course en cette
» ville, c'est que je suis appelée à la cou-
» ronne du martyre. »

Elle alla donc trouver le roi Claude et lui dit : « Mon Seigneur Jésus-Christ,
» que je sers chastement d'esprit et de
» corps, a daigné me révéler qu'il faut
» que je retourne à Troyes, parce que
» c'est là que je dois recevoir la couronne
» du martyre. Ne cherches donc pas, ô
» roi, à me retenir ici, car il pourrait
» t'en arriver mal. » Claude dit alors à

Julie : « Tu vas partir; et à qui me lais-
» ses-tu ? Il n'est pas avantageux que
» tu t'en ailles, car mes ennemis vien-
» draient, eux dont tu me délivrais tou-
» jours par tes prières, et ils me tue-
» raient; j'aime mieux abandonner tout
» ce que j'ai et m'en aller avec toi. »
Julie lui dit : « Abandonne tous tes biens
» et viens avec moi ; car j'ai confiance en
» mon Seigneur qu'il te rendra agréable
» à ses yeux et à ceux de son saint trou-
» peau. » Claude, après cet entretien,
quitta sa maison, sa femme et ses enfants, son or, son argent et ses immenses
possessions, et partit avec la servante de
Dieu, non comme un étranger, mais
comme le familier des saints; non comme
un barbare, mais comme un chrétien
fidèle; non comme un loup, mais comme
une brebis du Christ. Il partit avec la servante de Dieu, et tous deux ils se hâtè-
rent d'aller dans le territoire de Troyes.
Or, lorsqu'ils entrèrent dans la ville, le
feu de la persécution y était allumé.

Des personnes religieuses avaient été
jetées en prison pour le nom du Seigneur
Jésus-Christ. Julie ne négligeait rien
pour se montrer publiquement à elles,
afin d'être maltraitée par les soldats. Peu

de temps après, elle fut prise et conduite devant César. On la présenta ensuite au préfet Elidius, qui lui dit : « Tu adores » le Christ, que tu dis avoir pour ton époux ? » Julie répondit : « Je confesse le » Christ, mon Seigneur, et je n'adore » point les démons immondes. »

Le préfet dit alors aux soldats : « Al-» lez la suspendre aux poulies, et mettez » sur son dos des charbons ardents. » La bienheureuse Julie ayant été ainsi sus-pendue, les yeux des bourreaux furent aveuglés, et ils criaient : « Secours-nous, Julie ? » Ceux qui la frappaient ayant aussi perdu la vue, on en fit venir d'au-tres armés de nerfs de bœuf; mais ils ne purent l'atteindre. Le très impie Auré-lien, témoin de cela, et voyant que cette vierge très sainte persévérait dans ses premiers sentiments, lui dit : « Sacrifie » aux dieux, ou bien aujourd'hui même » tu périras par le glaive, sois-en sûre. » La bienheureuse Julie répondit : « Je suis » prête à mourir pour le nom de mon » Seigneur Jésus-Christ, qui a daigné » m'appeler, afin que, après le combat, je » reçoive la couronne de vie. » L'empe-reur ordonna par sentence qu'elle fût dé-capitée.

Claude ayant appris ce qui était arrivé à la servante de Dieu, se présenta devant l'empereur et lui dit: «Ordonne aussi qu'on » me fasse mourir avec elle, car je suis » son disciple. » L'empereur lui demanda qui il était. Il répondit : « Je suis le roi » Claude, qui l'avais emmenée en cap- » tivité, lorsque je combattais contre les » Romains; et, par son entremise, Dieu » m'a comblé de biens. Je l'ai gardée » avec respect durant vingt-huit ans; » mais Dieu lui étant apparu une nuit en » songe pour l'avertir qu'elle allait rece- » voir la couronne du martyre, elle m'a » dit : Ne me retiens pas plus longtemps, » mon seigneur, mais rends-moi la li- » berté, afin que j'aille en la ville de » Troyes, où le Seigneur doit me donner » la couronne. » Je lui ai répondu : « Tu » ne t'en iras point, si je ne vais avec » toi. » Et la sainte m'a dit : « Abandonne » tes biens, donne-les aux pauvres, puis » viens avec moi, afin de recevoir aussi » la couronne de la vie éternelle. J'ai » donc quitté tout pour le nom de mon » Seigneur Jésus-Christ, et je suis venu » jusqu'ici avec elle. » L'empereur Au- rélien lui dit : « Tu n'es pas chrétien; » comment peux-tu mourir pour le nom

» du Christ? » Le roi Claude répondit
» Je crois que si je répands mon sai
» pour le nom du Seigneur Jésus-Chris
» je serai vraiment chrétien ; et les m
» rites de la bienheureuse Julie, sa ma
» tyre, m'obtiendront que je ne sois p
» étranger à la présence de sa souverai
» divinité. »

L'empereur Aurélien, après ce di
cours, rendit une sentence qui le co
damnait à périr par le glaive, hors d
murs de la ville de Troyes, où la gl
rieuse vierge Julie eut le bonheur de i
cevoir la palme du martyre, le douze d
calendes d'août. Ils reçurent donc
notre Seigneur Jésus-Christ la couron
de vie pour la confession de son nou
car il a daigné lui-même leur donner
vie éternelle. A lui appartiennent l'ho
neur et la gloire, la force et l'empire été
nel, la louange et la puissance, av
Dieu le Père et le Saint-Esprit vivific
teur, dans les siècles des siècles. Ame

*(Les RR. PP. Bénédictins, trad. i
Bollandistes.)*

Toulouse, imp. Pradel et Blanc, r. des Gestes

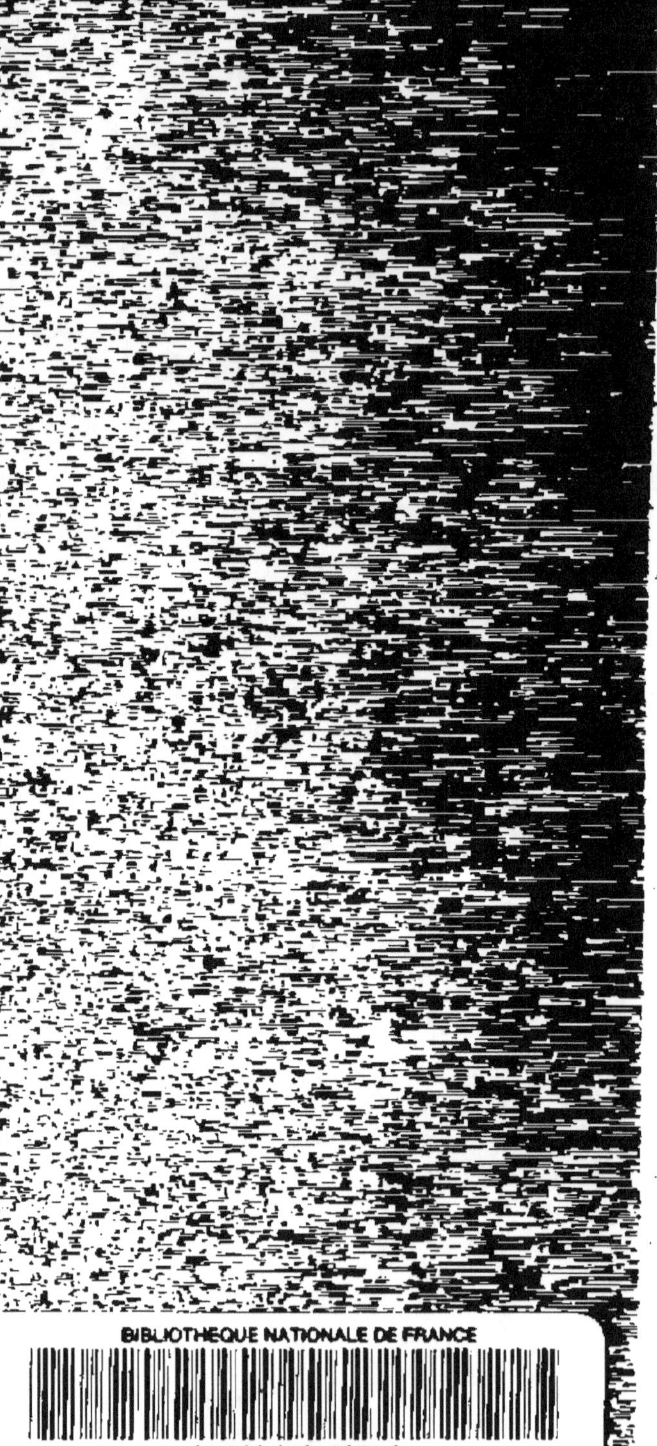